Annie Besant / Peter Michel • Giordano Bruno

Annie Besant / Peter Michel

• GIORDANO BRUNO •

Ein Kämpfer für die Freiheit des Geistes

Aquamarin Verlag

Deutsche Erstveröffentlichung
© Aquamarin Verlag
Voglherd 1 • D-85567 Grafing
1. Auflage 2000

Umschlaggestaltung: Annette Wagner
Druck: Ebner Ulm

ISBN 3-89427-138-8

INHALT

VORWORT

Die Gestalt Giordano Brunos steht wie ein Monument am Übergang vom Spätmittelalter zur Neuzeit. Als die Flammen seinen von siebenjähriger römischer Folter geschwächten Körper verzehrten, beendeten sie zwar sein physisches Leben, aber sie waren zugleich ein Symbol für seine Gedanken, die von diesem Tage an weiterleuchteten in eine Zukunft, in der die Freiheit der Geistes verwirklicht sein sollte.

Ohne solche heroischen Kämpfer für die Freiheit des Wortes und Gedankens, wie es Giordano Bruno war, wäre die Entwicklung der freigeistigen Gruppierungen des neunzehnten und zwanzigsten Jahrhunderts nicht denkbar. So kann es nicht verwundern, daß die großen Gründergestalten der Theosophischen Gesellschaft, Helena P. Blavatsky und Annie Besant, eine große Hochachtung und persönliche Nähe zu Giordano Bruno empfanden. Auch Rudolf Steiner, der später seine Anthroposophische Gesellschaft von der Theosophischen trennte, bezeugte in vielen Vorträgen und Schriften seinen Respekt vor dem wagemutigen Leben und dem wegweisenden Werk des Mannes aus Nola.

Annie Besant sprach häufig über den kühnen Weltenentwurf des Giordano Bruno, für dessen revolutionären Ansatz er mit seinem Leben bezahlte. Sie hielt an bedeutenden Hochschulen Vorträge über sein Werk und verfaßte eigenhändig eine kleine biographische Skizze, die hier ungekürzt erstmals in deutscher Sprache veröffentlicht wird.

Im zweiten Teil soll dann umrißartig eine Einführung in die wesentlichsten Gedanken Giordano Brunos gegeben werden, die auch am Beginn des 3. Jahrtausends noch immer von Bedeutung sind und eine Quelle der Inspiration darstellen.

So soll mit diesem kleinen Buch der Respekt und die Hochachtung für einen wahren „Botschafter des Lichtes" bezeugt und ein später Dank abgestattet werden an einen mutigen Kämpfer für Freiheit und Liebe, dem alle jene ewig verpflichtet sein werden, die ebenfalls diese Werte auf ihre Fahnen geschrieben haben.

Dr. Peter Michel

TEIL 1

• ANNIE BESANT •

DIE GESCHICHTE
GIORDANO BRUNOS

Auf einem mit Reben bewachsenen Hügel lag ein Junge und
blickte träumend auf das blaue Mittelmeer. So, wie er lag,
konnte er die mächtige Bucht des wundervollen Golf von
Neapel überschauen, an dessen Ende die schöne große Stadt
lag. Dahinter erhob sich ernst und abschreckend der Vesuv,
der seinen dunklen Rauch in die fleckenlose Reinheit des
Himmels sandte. Vor seinen Augen erstreckte sich eine der
schönsten Landschaften, welche Italien oder wohl gar die Welt
zu bieten hatte. Doch der sonst für alle Schönheit von Form
und Farbe so empfindsame Knabe blieb heute unberührt von
allem. In tiefes Nachdenken versunken, blieben seine Augen,
obwohl geöffnet, unbeeindruckt von der herrlichen Umge-
bung, die er so gut kannte und welche er so überaus liebte.

Der Junge stand ganz unvermittelt vor einer ernsten Entscheidung. Sollte er seiner heiteren Jugend Lebewohl sagen
oder sollte er es nicht? Sollte er sich aus eigener Entscheidung
in die grauen Mauern eines Dominikaner-Klosters einschlie-
ßen lassen und sich dem Studium und der Suche nach Wahrheit hingeben? Mönch oder Soldat, das wußte er, mußte er
werden. Die Zeiten waren rauh und von Gewalt gezeichnet,
und für ein friedliches Studium bot nur die Mönchskutte die

Gewähr. Außerdem erschien ihm heute die Natur so unbehaglich und trübe wie sämtliche Staaten von Italien. Mit seltsamen Worten beschrieb ein alter Geschichtsforscher seine Zeit: „Erdbeben, Überschwemmungen, Hungersnöte und die Pest; es schien, als verletzte die Schöpfung selbst in dieser trüben Zeit ihre eigenen Gesetze." Dies bedachte der verwirrte und ängstliche junge Mann, und vielleicht war das Mönchskloster wahrhaftig der beste Platz, den Gott inmitten dieser Unruhe geschaffen hatte. Am allermeisten jedoch verlockte ihn die Möglichkeit zu lernen. Im Kloster lagen Bücher und alte Handschriften, wundervolle Pergamentrollen, welche er zwar jetzt noch nicht zu entziffern vermochte, die er aber, wie ihm Pater Anselm versprochen hatte, verstehen lernen würde, wenn er das Mönchsgewand anlegte und den Eid der Dominikaner leistete.

Sein Puls schlug lebhafter, und in seine bleichen Wangen stieg die Röte, als er an all das dachte, was er lernen, und an all das Wissen, das er beherrschen würde. Bei diesem fröhlichen, glücklichen Traum schlug sein Puls noch höher und das Rot seiner Wangen erglühte tiefer, wenn er an die glänzenden Szenen der frommen Festlichkeiten dachte. Als Giordano Bruno sich schließlich von seinem Hügel erhob, stand seine Entscheidung fest. Er hatte den Eintritt ins Kloster gewählt. Dort, so glaubte er, würde die Erfahrung sein Begleiter sein und die Wahrheit selbst würde ihren Schleier von seinen wißbegierigen, ehrfürchtigen Augen heben.

„Du warst lange fort, Giordano, und es ist spät geworden", sagte seine Mutter zärtlich, als der Junge in sein ärmliches Heim in der kleinen Stadt Nola eintrat. „Dein Onkel war hier und hat auf dich gewartet. Inzwischen ist er ärgerlich gegangen. Er sagte, da du nun ein starker Junge bist und noch dazu einer der größten, sei es an der Zeit, daß du die Bücher, über denen du immer grübelst, zur Seite legst und lernst, die Waffen zu führen, wie es sich für einen ordentlichen jungen Mann gehört."

„Mutter", antwortete der Knabe sanft, „ich werde niemals Waffen führen, noch werde ich je auf den Befehl eines eitlen Adligen hin meine Brüder töten. Ich habe mich entschlossen, in das Dominikaner-Kloster einzutreten, wo ich die ganze Zeit unter Anleitung von Pater Anselm gelernt habe. Der gute Mönch hat mir versprochen, mich zu unterrichten und mir alles beizubringen, wenn ich verspreche, in einiger Zeit den Eid des Ordens zu schwören und Klosterbruder zu werden. Dies scheint mir wahrhaft ein edleres Leben zu sein, das zu erforschen, was weise Männer geschrieben haben, als Helm und Schwert anzulegen und hinauszugehen, um das arme und einfältige Volk, das niemandem ein Unrecht getan hat, zu erschlagen."

„Aber dein Onkel, mein Sohn, dein Onkel", drängte die Mutter ängstlich. Sie wußte schon seit langem, daß sich ihr Sohn mehr um das Studium kümmerte als um das tägliche Treiben; und daher war sie von seinen Worten in keiner Weise überrascht. Nur fürchtete sie, daß sein Onkel erzürnt sein würde und gegen ihren vaterlosen Sohn ein rücksichtsloses Verhalten an den Tag legen könnte.

„Mein Onkel kann widersprechen und schelten, wie heftig er will", rief Giordano fröhlich lachend, „wenn du nur nicht ärgerlich bist oder traurig, mein liebste Mutter." Und liebevoll schlang er seine Arme um die Schultern seiner Mutter und küßte ihr Furcht und Angst hinweg, bis sie sich froh zum Abendessen setzte. In ihrem Mutterherzen war sie zutiefst zufrieden, daß ihr Liebling den Wirrnissen dieser gefahrvollen Zeit entkommen und einst ein so angesehener Mönch wie Pater Anselm oder einer der berühmten Klosterbrüder, zu denen er bald selbst zählte, werden würde.

Doch sie konnte nicht ahnen, daß ihr mutiger, fleißiger und so begeisterter Giordano nicht einer jener armen, geängstigten Mönche werden sollte. Wenn seine Mutter an jenem warmen Sommerabend sein Geschick geahnt hätte, wäre ihr das rauhe, mühevolle Soldatenleben vielleicht begrüßenswerter erschienen als das scheinbar friedliche Klosterdasein, das sich vor dem jungen Novizen auftat, als das mächtige Klostertor zurückrollte, um den jungen Giordano einzulassen. Sie konnte nicht ahnen, daß es vor der natürlichen Abnahme der Lebenskraft schon lange beendet sein würde. Diese Zukunft war ihren liebenden Augen verborgen, als sie ihrem Sohn traurig, aber schicksalsergeben Lebewohl sagte. Mit dem Eifer seiner Jugend und mit der Leidenschaft seines warmen italienischen Herzens begann sich Giordano in seine Studien zu stürzen.

Nach einigen Jahren des Studiums legte er den Eid des Dominikaner-Ordens ab und bekleidete sich mit der Mönchskutte. Doch Pater Anselm, der ihn liebte und seinen scharfen Verstand sowie seine kraftvollen, klugen Gedanken bewunderte, schüttelte öfters ernst sein Haupt und sagte: „Ich fürchte, daß das tüchtige Haupt unter der Kapuze nicht ruhig bleibt und der eifrige Verstand seinen Besitzer in Not bringen wird."
Er versuchte, die begierigen Fragen des jungen Mannes zu hemmen und seinen Eifer zum Studium einzudämmen. Er erkannte früh, daß Giordanos Zweifel an alten Wahrheiten und überlieferten Glaubenssätzen, wenn sie ihm keine überzeugenden Lösungen auf seine Fragen boten, die Gefahr der

Ketzerei mit sich brachten, zumal er sich weigerte, alle heiligen kirchlichen Gedanken und die Tradition Roms als wahrhaftig anzunehmen.

„Mein Sohn, mein Sohn", sagte ihm der gütige alte Mönch, „du versuchst, zu viel zu wissen. Deine endlosen Fragen sind ebenso gefährlich wie der Wunsch, mehr zu wissen als geschrieben steht. Lies dein Brevier, singe deinen Gottesdienst und lasse den Kopernikus mit seinen Träumen allein. Erklärt nicht die Heilige Schrift, daß Gott die runde Erde so stark befestigt hat, daß sie nicht bewegt werden kann; und rief nicht Joshua der Sonne zu, stille zu stehen. Dies wäre doch wohl ein alberner Befehl gewesen, wenn die Sonne sich nicht bewegte, wie es Kopernikus lehrt. Die Schrift sagt uns deutlich dies: „Die Sonne stand still." Daher muß sie sich vorher bewegt haben. Giordano, Giordano, mein Sohn, dein Fragen wird zur Ketzerei führen, wenn du nicht vorsichtig bist. Die heilige Inquisition hat Beweise, und ich werde es mit ansehen müssen, daß man meinen Lieblingsschüler hinrichtet."

Nach diesen Worten küßte Bruno die Hand des alten Mannes und sagte einige freundliche Worte, um ihn zu trösten. Aber wenn er allein war, schritt er in seiner schmalen Zelle auf und ab, ringend, nachdenkend und um Erleuchtung bittend - doch niemals fand er Erhörung. Er sehnte sich danach, aus dem engen Kreislauf der Mönchspflichten entbunden zu sein, um am geistigen Kampf der Zeit teilnehmen zu können. Der Klang, der ihn fesselte, war jener des Kampfes, welcher auf jeder Hochschule Europas zwischen der Philosophie der Vergangenheit und den Gedanken der Gegenwart tobte. Dem jungen Löwen wurde sein Käfig zu eng, und die Haft begann ihn zu verletzen.

Die Klosterbibliothek, welche auf die sorglosen Mönche

um ihn ohne Wirkung blieb, stellte für Giordano Bruno eine Gefahr dar. Später würde er sagen, daß seine Vorgesetzten und Mentoren ihn selbst zum Studium der Philosophie und der freien Forschung angehalten hätten. Aber was sollte Philosophie und freie Forschung in den Mauern eines italienischen Klosters? Und konnte je eine größere Gefahr denn diese einen Menschen befallen? Zu seiner Zeit herrschte in der christlichen Kirche die Lehre des Aristoteles. Da Bruno jedoch die Philosophie Platons und der Pythagoräer vorzog, geriet er darüber in einen Streit mit seinem Lehrer. Pythagoras verkündete, daß die Sonne das Zentrum unseres Systems und die Erde nur ein Planet sei, der sich um sie drehte. Als Pythagoräer, der er war, folgte Giordano natürlich den Lehren des Kopernikus und lehnte alle anderen Konzepte ab, was Pater Anselm auch zu ihren Gunsten anführen mochte. So begann Giordano allmählich, den gütigen alten Mönch zu meiden, weil er ihm nicht unnötigen Kummer bereiten und sich nicht selbst immer dem Vorwurf ausgesetzt sehen wollte, von der Wahrheit abgekommen zu sein.

So vergingen einige Wochen, und Pater Anselm bemerkte, daß auf seinen Lieblingsschüler übelwollende Blicke geworfen wurden. Auch erhaschte er den einen oder anderen gemurmelten Satz, welcher ihn um seine Sicherheit bangen ließ. Eine dünne Schmähschrift, betitelt „Die Arche Noahs", war von dem jungen Mönch geschrieben worden und hatte im Kloster heftigen Anstoß erregt. In ihr hatte er, nur von einem dünnen Schleier der Allegorie verdeckt, sich über die Maßlosigkeit und Unwissenheit in den Mönchsorden lustig gemacht. Die Schärfe seines Spottes traf und verletzte einige seiner eigenen Ordensbrüder. Vor dem Prior wurden bittere Klagen geführt und verlangt, diesem jungen Heißsporn eine verdiente Lektion zu erteilen. Er müsse begreifen, seine spöttische Zunge zu hüten und Ältere und Vorgesetzte nicht zu verunglimpfen. Schließlich begann sogar das Wort „Ketzer" von Mund zu Mund zu wandern, und man munkelte bereits davon, daß der Prior den vorwitzigen Giordano maßregeln werde.

Eines Nachmittags lag Bruno müßig im klösterlichen Weinberg, als er Pater Anselm mit eiligen Schritten und betrübter Miene auf sich zukommen sah. Der alte Mann sank, beinahe atemlos durch seine Hast und seinen Kummer, neben Bruno auf dem sonnigen Hang nieder. Bruno wartete geduldig, bis er wieder die Kraft zum Sprechen gewonnen hatte.

„Giordano, mein Sohn, Gefahr umgibt dich. Dein falsches Geschwätz über die Bewegung der Erde und von den Bewohnern anderer Welten als dieser, welche, wie du wahnsinnig behauptest, Sterne über unserem Haupt sind, hat die Ohren des Priors erreicht. Pater Jeronu, welcher dachte, daß du mit deinem beißenden Scherz von der Rettung des Schweines durch Noah auf ihn gezielt hättest, flüsterte dem Prior ins Ohr, du seiest ein Ketzer. Der Prior ist, wie du weißt, ein guter Mensch, aber zugleich etwas engherzig in seinem Glauben - und wahrlich er ist selig so, bleibt er doch von vielen ängstlichen Fragen über die Lehren der heiligen Kirche verschont. Der Prior ist nun besorgt über den guten Ruf des Klosters im Lande. Er geriet in Bestürzung und beabsichtigt, dich zur Rechenschaft zu ziehen, bevor die Brüder deine Verwerfung des Aristoteles und deinen Glauben an die verführerischen neuen Theorien des Kopernikus überprüfen. Zumindest befürchte ich das."

„Fürchte nichts", sagte der junge Mönch, stolz aufspringend und seinen Kopf mit einer Gebärde heiteren Selbstvertrauens, welche seine Züge verschönerten, zurückwerfend. „Fürchte nichts für mich, Vater, denn ich selbst bin furchtlos."

„Und darum eben erfüllt mich Furcht, mein Sohn", antwortete traurig der ältere Mönch. „Der Teufel frohlockt am leichtesten über jene, welche den Geist der heiligen Furcht nicht besitzen. Deine Forschungen sind zu kühn, und du kannst nicht alle Folgerungen, welche sich aus ihnen ergeben, wenn unsere befestigte Erde sich im Raum umdreht, erwogen haben. Wo glaubst du wohl, daß die Hölle ist und wo die Seelen der Verlorenen und der in der Finsternis gefesselten Teufel in deinem neuen Universum, welches weder Kopf noch Fuß hat."

„Wahrlich", erwiderte Bruno milde lächelnd, „ich habe mein Gehirn mit solcher Höllen-Geographie nicht sehr beschwert und nun, da wir wissen, daß sich die Erde jeden Tag um die Sonne dreht, kann es in der Tat kein „unter der Erde" geben."

„Still, still, mein Sohn", sagte hastig, sich beim Sprechen bekreuzigend, der alte Mann. „Bewahre, daß nicht der Teufel selbst kommt und dir den Weg zum Gefängnis unter der Erde weist, wo es keine Wiederkehr gibt. Bedenke nur, wohin unser gesegneter Herr ging, als er, wie wir lesen, von der Oberfläche der Erde aufstieg und sich emporhob, um im Himmel aufgenommen zu werden. Wie konnte er von einer wirbelnden Kugel aufsteigen und welche Richtung nahm er, als er, wie die Heilige Schrift uns lehrt, aufgenommen wurde?

Mein Sohn, deine Phantasien sind gotteslästerliche Albernheiten, und wären sie wahr, dann würden die Hauptlehren unseres heiligen Glaubens unmöglich werden. Die Heilige

Jungfrau und alle Heiligen mögen es verhüten." Und wieder bekreuzte er sich fromm beim Sprechen.

Ein seltsames, wissendes Lächeln huschte bei den letzten Worten des einfältigen Mönches über Brunos Mund, und er öffnete ihn zur Antwort. Doch ehe ihm ein Wort entschlüpfte hielt er inne und dachte: Was nützt es, des alten Mannes Glauben zu erschüttern. So schwieg er, doch erfüllt von unbefriedigten Regungen gegen die Unerschütterlichkeit des Glaubens blickten seine tiefen Augen forschend und voll Sehnsucht über das Meer.

„Giordano", sprach ihn Pater Anselm wieder an, „höre auf mich. Du bist jung und tapfer, aber in dem morgigen Streit wird dir deine Jugend und deine Mönchskapuze nichts nützen. Ich werde meiner Warnung wegen schwere Buße tun müssen, aber ich will dich, koste es was es wolle, vor der Gefahr warnen. Sie sind angewiesen worden, dich in deinen Antworten zu fangen und dich zum Ketzer zu stempeln. Und ich weiß", und die zitternde Stimme sank zum Flüstern herab, „ich weiß, daß ein Abgesandter nach Neapel ins heilige Offizium ging. Morgen wird der Ketzerrichter hier sein, um...."

Die heiter lauschende Miene Giordanos erbleichte für einen Augenblick, aber dann erschien ein fester, scharfer Zug um seinen Mund, und er legte freundlich die Hand auf den Arm seines väterlichen Freundes.

„Was wolltest du mir raten, mein Vater? Würdest du mich lügen heißen, nur um den Schrecken der heiligen Inquisition zu entgehen?"

„Fliehe, fliehe", flüsterte der alte Mönch. „Fliehe, solange noch Zeit ist. Oh, mein Sohn, ich will deine jungen Glieder nicht auf der Folter brechen sehen und dieses junge Gesicht

von Qual verzerrt. Oh, ich habe gesehen, ich habe gesehen..."
Die Stimme des guten Mönches versagte und in heftiger Bewegung brach er zusammen. Als er nach kurzer Zeit jedoch Schritte hörte, die sich dem Weinberg näherten, erhob er sich und ging hastig fort.

Giordano Bruno blieb noch eine Stunde dort, wo ihn sein alter Mentor verlassen hatte. Scheinbar ruhig, starrte er gedankenverloren über das Meer. Aber in seinem Herzen tobte ein Kampf, wogten die Gedanken und bemühte er sich, seine Gefahr und die beste Art einer raschen Flucht richtig zu beurteilen. Schon bald jedoch kehrte der Glanz in seine Augen, das Lächeln auf seine Lippen und die Kraft in seine Beine zurück.

„Ihr guten Väter", sprach er munter vor sich hin. „Ich verlasse Noahs Arche noch diese Nacht, denn ich fürchte, für mich ist sie nicht länger eine Arche der Sicherheit."

In der Nacht, als alle schliefen, erhob sich Giordano Bruno still von seinem Lager, und als er einige Minuten gelauscht hatte und überzeugt war, daß sich außer ihm nichts regte, umwand er sich mit einem Seil, verknotete ein Ende fest am Querbalken seines Fensters, schlüpfte durch die schmale Öffnung hindurch, glitt rasch zu Boden und entfloh nach Norden. Mit neuer Freude pochte sein Herz, und seine jungen Glieder erfreute die Anstrengung seiner raschen Flucht.

Giordano Bruno hatte gut daran getan zu fliehen; denn der nach dem heiligen Offizium entsandte Bote kehrte in aller Frühe zurück, damit der junge Rebell noch vor Tagesanbruch im Kloster ergriffen werden konnte, um ihn unverzüglich nach Neapel zu schaffen. Dort sollten in der Halle des heiligen Offiziums selbst die Fragen an ihn gestellt werden.

Doch als die schrecklichen Bluthunde der Inquisition kamen, da fanden sie nur eine leere Zelle, aus welcher das Opfer entkommen war. Es verblieb ihnen nur, über Giordano Bruno den Kirchenbann zu sprechen und seinen Körper und seine Seele dem Teufel zu übergeben. Der so Verfluchte schritt jedoch, im frohen Bewußtsein seiner Kraft, nordwärts, den Apenninen zu.

Immer weiter nach Norden, die meiste Zeit zu Fuß, zog der fliehende Mönch. Gelegentlich erhielt er eine freundliche Aufmunterung von einem Mitreisenden, der in die gleiche Richtung wanderte. Wenn er sich einer Stadt näherte, verbarg er sich gewöhnlich, bis die Dunkelheit hereinbrach, da er fürchtete, befragt zu werden. Erst im Schutze der Nacht schlüpfte er unbemerkt durch, so als hätte er ein Verbrechen begangen und müßte den Händen der Obrigkeit entgehen. Eines der Übel des Aberglaubens ist es, daß in jenen Ländern, in denen er an der Herrschaft ist, ehrbare Menschen wie Verbrecher und Verbrecher wie Rechtschaffene behandelt werden, wenn die Verbrecher nur fromm sind und fleißig die Kirche besuchen. Bis zur jener Zeit, als die Freidenker das Christentum wieder veredelten, waren in jedem christlichen Land die Mörder und Diebe sicherer als die Ketzer. Der Mörder und der Dieb konnten sich Vergebung und Sicherheit mit Gold und Gebeten erkaufen, für den Ketzer aber gab es nur die Folter und das Feuer - die Strafe für ein reines Leben und eine lautere Rede.

Endlich erblickte Giordano die weißen Berggipfel, die Italien von der Schweiz trennten. Er wußte, daß dieses Land sich zum größten Teil von Rom gelöst hatte und die protestantischen Reformatoren hier in Sicherheit und Ansehen wohnten. So träumte er davon, jenseits der Grenzen frei aufatmen und in Sicherheit leben zu können, weit entfernt von den erbarmungslosen Klauen der Inquisition.

Doch Bruno sollte schmerzhaft erfahren, daß Haß und Verfolgung des klaren Denkens nicht bloß das Merkmal einer christlichen Kirche, sondern daß sie das Kennzeichen für das ganze Christentum seiner Zeit waren. Leichter hätte er einen sehenden Blinden gefunden, als einen Christen, der die Gedankenfreiheit eines Ketzers achtete.

Er erstieg den steilen Hang des St. Bernhard und erreichte gerade den Gipfel, als die Sonne zu sinken begann. Er stand in luftiger Höhe und sah auf die weite Ebene der italienischen Landschaft hinab, die sich weit unter seinen Füßen ausbreitete. Als sein Blick sich hinab richtete, wurde ihm das Herz schwer, und er sank auf die Knie, die Arme gegen die weite Landschaft ausgestreckt, die in der untergehenden Sonne erglühte.

„Italien, Italien", rief er laut, und heiße Tränen zogen ihre Bahn über das tapfere junge Gesicht, das in diesem Augenblick vom Schmerz um die verlorene Heimat durchzogen war.

„Italien, mein prächtiges, geliebtes Italien! Gefesselt bist du wie Prometheus an die Felswand, nachdem er den Menschen das lebendige Feuer gebracht hatte, geraubt vom brennenden Herd der Natur, der göttlichen, der Einen, der Mutter von allem!

Wie Prometheus weinte, vom Geier gepeinigt, weint unser Papst und Priester jetzt, gleich Prometheus unsterblich und nach Erlösung Ausschau haltend, welche kommen wird. Italien! Ich fliehe vor deinen verkörperten Teufeln, welche dein Christentum aus den Menschen gemacht hat. Werde ich jemals zu dir zurückkehren, um in dir zu leben und in dir zu sterben? Hast du für mich ein Heim und eine Zuflucht oder, mein Italien, bietest du mir nur ein Grab?"

Oh, Giordano Bruno! Edler Sohn des erniedrigten Italiens. Dein Italien hat für dich kein Heim, keine Zuflucht - dein Italien hat für dich nicht einmal ein Grab. Italienische Winde werden deine Asche verstreuen, weit über Italiens Boden. Doch deine Asche wird die Saat sein, welche nach Jahrhunderten zu Blüten des Gedenkens und der Dankbarkeit erblühen wird.

Als Bruno zum letzten Mal seinem Italien Lebewohl gesagt hatte, wandte er jenem Land, welches die Inquisition so unsagbar zerstörte, entschlossen den Rücken zu und schritt langsam den Pfad, welcher zur Schutzhütte St. Bernhard führte, hinab. Nach kurzer Zeit erblickte er das lange, nicht sehr hohe Gebäude, welches sich in einem schützenden Felsvorsprung eingenistet hatte, wo es vor den tobenden Stürmen geschützt lag. Hier gab es nun nicht die Möglichkeit, ungesehen an den gastlichen Toren vorbei zu schleichen, zumal die Hunde bereits sein Nahen angezeigt hatten.

Aber Bruno wagte nicht einzutreten, da seine Tonsur seinen Stand verraten hätte und er unter allen Umständen vermeiden wollte, den neugierigen Fragen des Wirtes ausgesetzt zu sein. So ließ er sich vor dem Gasthaus nieder und bat nur um ein Stück Brot und einen Krug dünnen roten Weines. Er gab an, daß seine dringenden Geschäfte keinen Aufschub erlaubten und er auch bei Dunkelheit seinen Weg fortsetzen müsse. Vier oder fünf Hunde begleiteten ihn auf seinem Weg hinab ins Tal, bis er die Schneegrenze erreicht hatte. Dann verabschiedeten sich seine vierbeinigen Gefährten mit einem lauten Gebell und kehrten um. Erleichtert, nunmehr in der

Schweiz zu sein, setzte Giordano den steilen und rutschigen Abstieg fort. Erst spät in der Nacht erreichte er die Schutzhütte von St. Pierre, wo er übermüdet um ein Nachtlager bat. Hier schlief er den ersten wirklich furchtlosen Schlaf, seit er seine Mönchszelle verlassen hatte. Er schlief bis weit in den Tag hinein und erwachte schließlich, erfrischt und gekräftigt. Er begab sich wieder auf den Abstieg, der sich diesmal allerdings als weniger steil und rutschig erwies. Er setzte seinen Weg fort, bis er in Chamonix vorbeikam und den mächtigen, fleckenlosen Gipfel des Montblanc sich rein und leuchtend in den blauen Himmel erheben sah. Immer weiter zog er durch eine Landschaft, die nun zwar weniger erhaben und großartig war, aber doch voller Schönheit. Er setzte seine Reise fort, bis die hellen Wasser des Genfer Sees dem Wanderer zulächelten und er schließlich die schöne Stadt ausgestreckt an der Seeseite erreichte. Die Mauern von Genf erhoben sich vor ihm. Er hatte die Zuflucht erreicht, von der er geträumt hatte, als er sich aus dem Fenster seiner Zelle herabließ.

Furchtlos, mit erhobenem Haupt, betrat er die berühmte Stadt, die Stadt des Calvin. Man schrieb das Jahr 1580, und Calvin war inzwischen sechzehn Jahre tot; aber sein Geist erfüllte noch immer die Mauern, in denen er einst unumschränkt geherrscht hatte. Zuerst fand Bruno bei den Schweizer Reformatoren Aufnahme, da sie dachten, er empöre sich nur gegen Rom. Sie ahnten nicht, daß der hochfliegende Geist dieses jungen, kaum dreißig Jahre alten Mannes nicht nur die Fesseln Roms, sondern des gesamten christlichen Denkens seiner Zeit gebrochen hatte. Sie ahnten nicht, daß auch Calvins beschränkte Theologie ihn nicht mehr einnehmen konnte, als es der würdige Glaube Roms schon nicht vermocht hatte. Für eine Weile jedoch fand er Rast, bis sein kämpferischer Geist, immer voll Sehnsucht nach Gleichgesinnten, sich in die Streitigkeiten über die Philosophie des Aristoteles einmischte, der nicht nur die Stütze der katholischen Rechtgläubigkeit geworden war, sondern auch in Genf unumschränkt herrschte. Die Bürger von Genf waren sogar so weit gegangen, eine Verordnung zu erlassen („Für jetzt und immer"), nach welcher weder in der Logik noch in irgendeinem anderen Lehrfach etwas gelehrt werden durfte, was von den Lehren des Aristoteles abwich.

Eine solche eiserne Gedankenschablone paßte natürlich in keiner Weise zu Brunos immer suchendem, immer voranschreitendem Geist, und schon bald fand er heraus, daß, wie einst im Kloster, böse Blicke auf ihn geworfen wurden und üble Worte fielen. Zuerst zeigte er sich nur überrascht, dann bitter entrüstet. Er mußte erkennen, daß die Protestanten in Genf für sich zwar das Recht in Anspruch nahmen, von Rom abzuweichen, sich aber zugleich anmaßten, jene zu verfolgen, welche von ihren Anschauungen abwichen. Zuletzt kam das Gespräch auf jenen Michael Servet, der an gleicher Stätte vor einem Vierteljahrhundert von Calvin selbst wegen Ketzerei verbrannt worden war. Da verstand Bruno, daß es Zeit war, noch einmal zu fliehen, damit sich nicht das Gefängnis, dem er in Italien entflohen war, nunmehr in der Schweiz für ihn öffnete.

Zum zweiten Mal war Giordano Bruno auf der Flucht. Wieder wartete er auf die Nacht, die ihre kostbare Dunkelheit um ihn hüllte, und wieder stand er am offenen Fenster, um die rechte Gelegenheit abzupassen. Ein Freund, dessen Haus auf einem der Stadtwälle stand, hatte ihm Obdach ge-

25

währt, und als er um sich herum nur noch Stille gewahrte und die Schritte der Stadtwache in weiter Ferne verhallten, glitt Giordano Bruno am Seil vom Fenster herab und erreichte sicher den Boden. Schweigend winkte er seinen treuen Freunden auf der Mauer ein Lebewohl und richtete dann seine Schritte nach Frankreich. Wieder war er ein ausgestoßener Flüchtling, nunmehr auf einsamer Wanderung nach Lyon.

Vom Aufenthalt Giordano Brunos in Lyon wissen wir nur wenig. Zu jener Zeit war Lyon ein Mittelpunkt des Druckereiwesens, und von den Druckmaschinen Lyons ergoß sich die Aufklärungsliteratur über ganz Europa. Trachtete Giordano danach, diese Maschinen, welche damals als wahre Wunderwerke galten, mit eigenen Augen zu sehen? Die Frage läßt sich heute nicht mehr beantworten. Sicher ist nur, daß sein Aufenthalt in Lyon von kurzer Dauer war und er weiter nach Toulouse zog. Doch auch Toulouse war kein sicherer Ruheplatz für Bruno. Toulouse rühmte sich, das Bollwerk des Glaubens gegen die Strömung der Reformation zu sein und sprach wüste Drohungen gegen jene Ketzer aus, die, aus der Stadt Calvins kommend, noch schlimmere Glaubensfeinde seien als Calvin selbst es gewesen war. Sechsunddreißig Jahre später wurde in eben diesem Toulouse ein Landsmann von Bruno, der Neapolitaner Yanini, wegen Ketzerei verbrannt. Bruno war also gut beraten, als er diese glaubenstreue Stadt verließ und im freigeistigen Paris Ruhe suchte.

Die Reise des jungen Italieners durch Frankreich war voller Aufregungen. Bruno selbst nannte sie später „einen langen und gewaltigen Aufruhr". Papisten und Hugenotten bekämpften einander mit der gleichen religiösen Intoleranz und dem gleichen religiösen Wahn. Die Papisten zerstörten die Kirchen der Hugenotten, während die Hugenotten die Sakristeien der Papisten plünderten. Blut floß in Stadt und Land. Die religiöse Verblendung zerstörte Familienbande und Freundschaften. Mit läutenden Glocken und bei gedämpftem Fackellicht verhängten die Priester den Kirchenbann. Eine Gruppe warf der anderen Heuchelei und Abgötterei vor. Durch dieses Babel der Glaubenswüste zogen die Ketzer ihre gefährliche Bahn und verkündeten, wie die Religion die christlichen Lande verheerte und wie Katholiken und Protestanten in gleicher Weise raubten und mordeten zur Ehre Gottes.

Man schrieb das Jahr 1582, als Giordano Bruno die Stadt Paris erblickte, von welcher er lange geträumt hatte. Von Paris hoffte er, hier vielleicht ein Asyl zu finden, welches ihm entsprach. Hier standen sich die Sorbonne, als das Urbild einer unfruchtbaren Frömmelei und der Ablehnung von allen neuen Gedanken, und die Königliche Universität von Frankreich gegenüber, welche den wissenschaftlichen Geist begrüßte, der ein neues Licht der Erkenntnis verhieß. Hier bot sich ein weites Feld für alle Freidenker, und hier griff Bruno wieder seinen alten Feind an, Aristoteles, das Götzenbild der Sorbonne. Er bat um die Erlaubnis, öffentlich Philosophie zu lehren, und diese wurde ihm gewährt.

Schon bald war der junge Italiener von Mengen bewundernder Schüler umgeben, welche von seinem treffsicheren Witz und seiner neapolitanischen Wärme angezogen wurden.

Hier begegnete ihnen ein Lehrer, welcher die trockensten Studien anziehend und den schwersten Gegenstand leicht zu machen verstand. Schließlich zog sogar König Heinrich III. den jungen Gelehrten an seinen Hof. Für die Mönchszelle hatte er nun also die Pracht des Palastes, für langweilige Klosterstudien die Freude geistiger Kämpfe im lebhaften Pariser Leben eingetauscht.

„Giordano", sagte eines Tages Heinrich heiter gestimmt zu ihm, als er in das Zimmer seines Günstlings eintrat. „Giordano, mein Freund, ich habe gute Nachrichten für dich. In der Universität ist ein Lehrstuhl für Philosophie frei, und man sagte mir, keiner könne ihn besser ausfüllen als ein gewisser Italiener namens Bruno, welcher die Stadt im Sturm erobert habe."

Bruno, welcher sich erhoben hatte, als der König eintrat, erglühte über das ganze Gesicht.

„Ein Lehrstuhl", stotterte er. „Ein Lehrstuhl für mich an der Universität von Paris. Ich habe für künftige Tage davon geträumt, aber jetzt bin ich noch zu jung, zu unwissend."

„Still, still", unterbrach ihn der König. „Wer kann die Jugend von Paris besser erziehen als du? Wer kann diese stürmische Jugend besser beherrschen? Keine leichte Aufgabe hat sich da gefunden, zu welcher ich dich bevollmächtige. Kein Zaudern, Giordano. Ich will, daß ein Landsmann meiner Mutter den Lehrstuhl, den er so würdig ausfüllen kann, annimmt."

„Majestät", antwortete Bruno dankbar, „ich kann nur annehmen. So werde ich in der Tat nach meiner langen Wanderung hier Rast und Frieden finden. Wann werden meine Pflichten beginnen, mein königlicher und großmütiger Freund?" - „Beginnen? Oh, sogleich", antwortete der König. „Hier sind einige notwendige Formalitäten, die zu erledigen sind. Das Unterzeichnen der Papiere und ähnliches. Und bei dieser Gelegenheit ein Hinweis. Giordano, du bist nachlässig in deinen religiösen Pflichten. Ich erinnere mich nicht, dich je in der Messe gesehen zu haben. Vergiß nicht, mein lieber Professor, daß die Anwesenheit bei der Messe eine der Pflichten deiner Stellung ist."

Bruno fuhr zurück und sein vor Eifer glühendes Gesicht umwölkte sich, wurde düster und erstarrte zu Stein. „Verstand ich Eure Majestät recht?" fragte er ernst. „Als Professor muß ich die Messe hören?"

„Ja, sicher", erwiderte der König, den Wechsel in Sprache und Gesicht seines Gegenübers nicht beachtend. „Du kannst nicht Professor an der Universität und zugleich ein Beispiel des Unglaubens sein. Oh, ich versichere dir, es ist keine lange Verrichtung. Du mußt dich wegen solchen kurzen Zeitverlustes nicht sträuben, du beschäftigster der Menschen."

Bruno wandte sich um und trat ans Fenster. Ein schmerzhafter Kampf tobte in seinem Herzen. Die Professur verschaffte ihm eine gesicherte Stellung und ein entsprechendes Einkommen. Und schließlich - was war schon eine Messe? Eine Anzahl von närrischen Worten, von sinnlosen Sätzen. Er mußte sich nur so stellen, als glaubte er alles, und er würde sicher sein und könnte in Frieden seine philosophischen Studien verfolgen. Wenn er sich weigerte, dann würde er nicht nur seine Professur verliehen, sondern der wankelmütige und frömmelnde Herrscher würde sich gegen ihn stellen, und er würde aus Paris vertrieben werden, wie schon zuvor aus Italien und der Schweiz, aus Lyon und Toulouse.

Nur eine Messe? Nur eine Lüge? - murmelte Bruno zwischen den Zähnen. Doch dann glättete sich seine Stirne, seine Augen strahlten wieder hell und wahr, und er kehrte zum König zurück, welcher ihn mit Bestürzung betrachtet hatte.

„Herr", sagte er sanft, „Ihr seid für einen aus Italien Verbannten die Güte selbst. Seid nicht erzürnt, daß ich die Bedingung nicht annehmen kann, welche der Gabe beigefügt ist, mit welcher Ihr mich beehrt habt." „Die Bedingung", fragte der König. „Welche Bedingung?"

„Herr, die Anwesenheit bei der Messe."

„Das ist Tollheit, Bruno. Ich habe euch gesagt, der Gottesdienst ist kurz, und wie gleichgültig ihr euch auch gegen religiöse Pflichten verhalten mögt, kein guter Katholik sollte sich weigern, der heiligen Messe beizuwohnen."

„Aber Herr", antworte der junge Mann tief und ernst, „ich bin kein Katholik, und ich habe kein Recht, die Messe zu hören."

„Hören Sie", bat er, als der König voll Entsetzen zurückfuhr. „Es war nicht meine Absicht, Sie zu täuschen. Meine Vorlesungen betrafen Philosophie und nicht Theologie; und keine Fragen über meinen Glauben wurden laut. Es ist schon lange her, als ich zu zweifeln begann. Ich wurde im Jahre 1572 Mönch, aber das Studium erschütterte meinen Glauben." Er hielt inne, da seine Rechtfertigung unerhört blieb. Heinrich war im Zimmer auf und ab gegangen, und sein Gesicht war finster wie die Nacht. Endlich blieb er stehen und betrachtete den jungen Italiener.

„Verstehe ich euch recht", sagte er streng, „verstehe ich recht, ihr seid kein Katholik? Ihr verwerft die Obrigkeit der heiligen Kirche? Ihr seid ein Ketzer, ein Lutheraner oder ein Calvinist?"

„Ich bin kein Katholik", antwortete Bruno fest. „Ich folge aber weder Luther noch Calvin oder irgendeinem der protestantischen Hugenotten. Ich bin ein Mann der Wissenschaft, und meine Gedanken gründen nicht auf irgendeinem Glauben, den ich kenne."

Für eine Weile herrschte Schweigen, denn das tapfere

Gesicht und die unschuldigen Augen rührten des Königs Herz, und trotz seiner religiösen Überzeugung streckte er dem jungen Mann die Hand entgegen, der kühn genug war, selbst der Gefahr des königlichen Zorns zu widerstehen.

„Lebt wohl", sagte er ernst. „Schweigt über euren Irrglauben, wenn euch euer Leben lieb ist. Die heilige Kirche hat scharfe Beweise, womit sie den Ketzer entlarvt; und dann gibt es ungemütlichere Stühle als den eines Professors mit einer Messe. Ich will unsere gesegnete Jungfrau bitten, euren Geist in bessere Bahnen zu lenken. Aber wenn die Professoren der Sorbonne von euren gottlosen Narrheiten hören, kann selbst meine Gunst euch nicht beschützen."

Als der König die Tür hinter sich geschlossen hatte, sank Giordanos Haupt nieder und ein müder Blick trübte die Heiterkeit seines Gesichts. Sollte er wieder ein Flüchtling, ein Umherirrender werden? Gab es für einen Menschen, der dem Aberglauben des Christentums entwachsen war, denn keinen Ort der Ruhe?

Im Jahre 1583 wandte sich Bruno wieder nach Norden, in seinem Gepäck einen Brief König Heinrichs an Michel des Castelnau, den Gesandten Frankreichs am Hofe von Königin Elisabeth. Er wurde bei Hofe freundlich begrüßt und empfing eine herzliche Gastfreundschaft. Im prunkvollen Hofleben um Königin Elisabeth fand Bruno in dem ritterlichen und edlen Philip Sidney einen verwandten Geist. Schon bald waren der Italiener und der Engländer mit den Banden treuer Freundschaft eng verbunden. Bruno sprach stets mit liebevoller Verehrung über den ausgezeichneten Verstand und das gütige Herz seines geschätzten Freundes. Auch für Königin Elisabeth empfand er eine tiefe Bewunderung, und sein

Lob für diese protestantische Königin, welches er mit der Warmherzigkeit und Übertreibung jener Zeit aussprach, wurde einige Jahre später, als ihn die Bluthunde der Inquisition zu fassen bekamen, mit furchtbaren Folgen gegen ihn verwandt. „Kein Edler Ihres Reiches besitzt Ihre Würde und Ihren Heldenmut. Kein Advokat ist so erfahren, kein Staatsmann so weise wie Ihre Majestät. Ihr erscheint wie eine strahlende Sonne, welche Licht über den Erdball verbreitet. Dank Ihrer Macht und Ihrer königlichen Würde ist Sie keinem Monarchen der Welt unterlegen. Im Regieren entfaltet Sie Gerechtigkeit, Weisheit und Klugheit, und schwer würde ein König zu finden sein, der Sie erreicht." Doch diese so hoch gepriesene Elisabeth war von Rom als Feindin gebannt, war eine verdammte Ketzerin, die England vom Gehorsam gegenüber Rom befreit hatte.

England und Italien waren am Ende des sechzehnten Jahrhunderts, mit Ausnahme der Religion, wie Geschwister. Italienische Gelehrsamkeit, italienische Kunst und italienische Literatur fanden herzliche Aufnahme unter englischem Himmel. Shakespeare erhielt viele Anregungen in Italien, und später reiste auch Milton um seiner poetischen Ausbildung willen in die südlichen Gefilde. Der englische Hof war ein kleines Italien für einen Italiener, und Bruno fand sich hier von seinen wertvollsten Erinnerungen umgeben. Hier würde der fahrende Ritter des Geistes zur Ruhe gefunden haben, wenn er sich nur damit begnügt hätte, einige seiner kühnsten Gedanken zu verschleiern und bloß wie ein Protestant gegen die römische Tyrannei gekämpft hätte. Aber zu einer solchen Zurückhaltung war Bruno nicht fähig. Bald schon bot sich ihm die Gelegenheit zu einer kühnen Diskussion, die viel zu verlockend für den feurigen italienischen Redner war, als daß er sie hätte ausschlagen können.

Im Juni 1583 glänzte die schöne Stadt der Isis im Festgewand. Von der an verzierten Giebeln und hohen Zinnen vorbeiströmenden Themse aus sah er Oxford im stattlichsten Ornat und hörte das Gewirr zahlloser Sprachen. Der Graf von Leicester, der stolze Liebling von Königin Elisabeth, hielt hier, als Kanzler der Universität, seinen Hof. Er begrüßte mit königlichen Ehren den Grafen Albert von Lasco, zu dessen Ehren sich die gelehrtesten Söhne Englands versammelt hatten. In langen Prozessionen schritten die in purpurne Gewänder gekleideten Doktoren durch die Reihen, glänzende Festmahle wurden veranstaltet, und an jedem Tag wurde ein literarisches Turnier abgehalten, in welchem philosophische Lehrsätze behauptet und angegriffen wurden und nur die Waffen des Geistes zugelassen waren. Als schließlich Oxford alle neu Angekommenen herausforderte, sich mit ihren Söhnen im Geisteskampf zu messen, geriet Brunos kämpferische Seele sofort in höchste Wallung.

Wieder betritt er die Arena, begeistert, schön, klug und voller Beredsamkeit, um dieselbe alte Schlacht zu fechten, die er bereits in Italien, der Schweiz und Frankreich schlug. Es ist die Frage der Fragen im sechzehnten Jahrhundert: Bewegt sich die Erde oder bewegt sie sich nicht? Und gibt es außer dieser Welt noch andere Welten?

Die Erde ist bewegungslos, es gibt nur ein Universum und dieses bewegt sich - lehrt die Universität in der Nachfolge des Aristoteles. Die Erde bewegt sich und es gibt zahllose Welten - sagt Bruno und stützt sich dabei auf die revolutionären Erkenntnisse des Kopernikus.

Bruno wollte seine eigene Person aus dem Kampf heraushalten, doch der Streit wurde verletzend, und seine Gegner griffen zu Spott und Hohn. Einer von ihnen ergriff schließlich Papier und Feder und rief. „Schaut her, schweigt und lernt, ich will euch die Lehren des Ptolemäus und des Kopernikus darstellen." Aber als er nach und nach die Himmelskugeln zu beschreiben begann, da wurde Bruno schnell klar, daß er Kopernikus nicht einmal in Ansätzen verstanden hatte.

Bruno, an dessen Seite die Wahrheit stand, antwortete seinen Gegnern mit Schweigen. So stand er allein, und viele Stirnen wurden finster über den Italiener gerunzelt, als er für die Ehre seiner „Dame Wissenschaft" focht und sie siegreich durch den Kampf führte.

Später bewarb sich Bruno um die Bewilligung, in Oxford zu lehren. Und wieder, wie schon in Paris, war sein Hörsaal überfüllt. Wenn er jedoch die Straßen entlang ging, wandten sich die Menschen um und murmelten: „Atheist!" Die Geistlichkeit, welche nun zur Kenntnis nehmen mußte, daß die Bibel keine Gewalt über die Wissenschaft hatte, blickte finster auf ihn, wenn er vorüberging. Von vielen wurde der Ketzer und Gotteslästerer, von dem die Rede ging, er würde die Seelen seiner Schüler in die Hölle bringen, entschieden gemieden.

Es kam der Tag, als für den kühnen Philosophen Giordano Bruno auch in England der Boden zu heiß wurde. Seine Freunde Michel de Castelnau und Philip Sidney waren beide ins Ausland gerufen worden, so daß ihr machtvoller Schutz ihn nicht länger umhüllen konnte. Die Drohungen wurden lauter und unverhohlener, und schließlich floh Giordano am Anfang des Jahres 1586 von England nach Frankreich. Über die Pfingsttage hielt er in Paris eine öffentliche Disputation über die Lehren des Aristoteles ab, was seinem Aufenthalt in Frankreichs Hauptstadt ein rasches Ende bereitete. Heinrich wagte es nicht länger, ihn zu beschützen, und die Sorbonne drohte mit seiner Bestrafung. Wiederum war Bruno gezwungen zu fliehen; und diesmal wandte er seine Schritte ins hessische Marburg, wo er Arbeit und Unterkunft an der dortigen Universität zu finden hoffte.

Anfangs schien sich alles günstig für ihn zu entwickeln. Im Juli des Jahres 1586 wurde ihm der Doktorgrad verliehen, und früher als er es in seiner Lage für möglich hielt, konnte er um die Erlaubnis nachsuchen, Philosophie lehren zu dürfen. Bruno war in guter Stimmung, als er auf die Bewilligung wartete, die er für eine reine Formsache hielt. Endlich konnte er frei lehren, und hier konnte er die Wahrheit, die er so sehr liebte, verbreiten. Niemand mehr würde ihn daran hindern.

Als endlich der Bote mit der versiegelten Rolle in den Händen zurückkam, ergriff er sie freudig, und mit einem sorglosen Lächeln durchschnitt er den seidenen Faden, der sie zusammenhielt. Doch dann veränderte sich schlagartig sein Gesicht und seine Augen trübten sich. Der Rektor der Universität schrieb ihm in kurzen Worten, daß er sich infolge ernster Gründe genötigt sehe, die erbetene Lehrerlaubnis zu verweigern. Der leidenschaftliche Bruno sprang in flammendem Zorn auf und begab sich eilends zum Haus des Rektors. Als er vorgelassen wurde, warf er die Rolle auf den Tisch und begehrte die Gründe für seine Ablehnung zu erfahren. „Zum Doktor haben Sie mich auf Ihrer Universität gemacht, aber das Recht des Doktors zu lehren verweigern Sie mir. Was nützt mir der eitle Titel? Warum werde ich so behandelt?"

Der eisige, dünnlippige Rektor Pierre Nigidius zog seine Mundwinkel herab und erwiderte: „Ihre Ansichten, Doktor

Bruno, sind nicht gesund; und sie passen nicht zu einem Lehrer für die Jugend."

„Gesund, passen nicht", rief Bruno ungestüm, „aber wenn sie wahr sind?"

„Wahrheit muß am göttlichen Muster gemessen werden, mein lieber Herr, und ihre Lehre, daß die Erde sich bewegt, schlägt der Heiligen Schrift ins Gesicht."

„Um so schlimmer für die Heilige Schrift", entgegnete der erregte Bruno, unbekümmert über des Rektors finsteres Gesicht.

„Sie Gotteslästerer", warf dieser scharf zurück. „Aber in dieser Stadt soll, solange Pierre Nigidius I. in ihren Mauern herrscht, kein Gotteslästerer lehren."

„So nehmen Sie auch Ihren lumpigen Rang zurück", rief Bruno in seinem Zorn. „Ein Lehrer, der nicht lehren kann, werde ich niemals sein. Tilgen Sie meinen Namen aus der Liste Ihrer Universität; und da Sie mich aus eigener Überzeugung entlassen, beanspruche ich auch kein Gehalt."

„Es obwaltet keine Schwierigkeit, Ihren Namen von einer Liste zu streichen, die er nie geehrt hat", spottete Nigidius. „Bevor die Sonne sinkt, wird er getilgt sein, wie er getilgt sein wird aus dem Buch des Lebens. Kehr ein in Dich, Du ungläubiger Gotteslästerer. Laß Dich belehren, daß Marburg Gefängnis für Ketzer hat, gleichgültig ob es Fremde oder Bürger des Staates sind."

Wieder war Bruno auf der Flucht, die diesmal in Wittenberg endete. Hier fand Bruno für zwei Jahre im Herzen der Universität Ruhe. In Wittenberg galt die Losung: „Reinheit der Sprache und Liebe der Literatur." Wittenberg nannte Bruno das „Athen der Deutschen"; und er hinterließ diesem berühmten Asyl des Lernens und der Freiheit Worte tiefster Dankbarkeit. Worte, deren sich jeder erinnern sollte, der die ehrwürdigen Straßen dieser alten deutschen Stätte der Gelehrsamkeit betritt. „Ihr habt mich nach meinem Glauben, den ihr nicht gebilligt hättet, niemals befragt. Ihr allein habt meine Liebe zur Freiheit, zum Frieden und zur Menschlichkeit geschätzt. Ihr habt es mir ermöglicht, nur ein Freund der Weisheit zu sein, ein Verehrer der Musen. Ihr habt mir nicht verboten, Urteile, wenn auch gegen die Lehren, welche unter Euch galten, frei zu verkünden. Obgleich, wie Ihr meint, Philosophie weder Zweck noch Mittel ist, obgleich Euch Eure Frömmigkeit, Nüchternheit, Lauterkeit, die Ursprünglichkeit der alten Naturkunde und die Mathematik der Vergangenheit über alles gehen, so habt Ihr mir doch erlaubt, ein neues System zu bekennen. Ihr wurdet nicht erzürnt. Ihr zeigtet Weisheit, Menschlichkeit und Höflichkeit sowie den aufrichtigen Wunsch, zu helfen und zu dienen. Weit davon entfernt, die Gedankenfreiheit einzuschränken und den Ruf einer Gastfreundschaft, welche den Reisenden, den Fremden als Freund und Mitbürger behandeln heißt, zu schmälern, erlaubtet Ihr, daß das Lehramt stets geschützt blieb. Zwei Jahre lang habt Ihr alle Verleumdungen, die über mich im Umlauf waren, abgewiesen."

Warum Bruno diesen friedvollen Zufluchtsort, wo er sicher, geehrt und geliebt war, doch aufgab, kann nicht eindeutig beantwortet werden. Vielleicht konnte sein feuriger, kämpferischer Geist dort, wo kein Kampf wütete, nicht wirklich glücklich sein. Vielleicht war es die Ablehnung der „Kopernikanischen Wende" durch Lutheraner und Calvinisten, oder er sehnte sich noch einmal nach heißblütigen theologischen Auseinandersetzungen.

Im Frühjahr 1588 verläßt er Wittenberg und trifft zur Osterzeit am Hof von König Rudolf II. ein. Bruno stellte dem König einige mathematische Lehrsätze dar, da er erfahren hatte, daß Rudolf ein Freund der Gelehrsamkeit war. Aber Brunos Ketzertum verdarb seine Mathematik, und der christliche Herrscher wandte sich mit kalter Miene von dem ketzerischen Denker ab.

So verließ Bruno nach nur sechs Monaten Prag und reiste nach Helmstedt, wo er für einige Monate der Erzieher des ältesten Sohnes des regierenden Herzogs von Braunschweig wurde. Doch als der Herzog starb, war er erneut der Verfolgung ausgesetzt. Die Vertreter der hohen Geistlichkeit sprachen den Bann über ihn, so daß er öffentlich als Verworfener galt. Trotzdem versuchte er noch für ein Jahr seinen Platz zu behaupten, bis ihm das Leben so unmöglich gemacht wurde, daß ihm nur die Abreise blieb. Er zog weiter, um die Lehre zu verkünden, die er so sehr liebte.

Frankfurt wurde für kurze Zeit sein nächster Aufenthaltsort, wo er vom Juni 1590 bis zum Februar 1591 blieb. Hier veröffentlichte er sein letztes Werk. Er wohnte bei einer Familie, die Freunde von Philip Sidney waren. In Frankfurt erhielt er dann jenes verhängnisvolle Schreiben, das ihn wieder nach Italien locken sollte, zurück in den Rachen der Inquisition, deren Schergen schon lange seiner Fährte nachspürten.

Nachdenklich saß er über jenen Brief gebeugt, und bei dem Gedanken an Italien begannen seine Wangen zu glühen. Das Schreiben war mit Giovanni Mocenigo unterzeichnet. Es enthielt die Bitte, als Erzieher nach Venedig zu kommen, wo er willkommen sei. Man bot ihm noch dazu volle Sicherheit an. Der junge Edelmann, der dies schrieb, entstammte einem Haus, welches mächtig genug war, um ihn zu beschützen. Er verbürgte seine Ehre dafür, daß ein sicheres Heim den hervorragenden Lehrer erwarten würde, dessen Name in den letzten zehn Jahren in Europa einen großen Klang erhalten hatte.

Rasch sprang Bruno auf, so daß der Brief seinen Händen entfiel. Er lief ans Fenster, welches nach Süden ging, und öffnete es.

„Italien, Italien", seufzte er, und die weichen neapolitanischen Laute flossen wie sanfte Melodien von seinen Lippen. „Mein herrliches, geliebtes Heimatland. Soll ich dich wirklich wiedersehen? Darf ich die leichte Luft Italiens fühlen, nach der schweren Luft des Nordens? Noch einmal den Himmel Italiens sehen, nach diesem ewig trüben, matten Grau!"

Seine Augen funkelten, sein Puls pochte, aber plötzlich sank sein Haupt. Ein müder Ernst breitete sich über seinem ganzen Gesicht aus.

„Die Inquisition! Welches Haus könnte mich wirklich vor den Klauen des römischen Wolfes bewahren? Ich fürchte, Italien, welches mich gewiegt hat, wird mein Grab werden, wenn ich der Bitte dieses Jünglings folge und nach Venedig gehe. Hier bin ich immer sicher, und wird der Boden einer Stadt für mich zu heiß, so steht eine andere mir offen. Aber du, Italien, deine Paläste bedecken deine Kerker, und deine Schönheit ist nur eine Maske über dem Alltäglichen."

Der innere Kampf währte lange, aber letztlich siegte die Liebe zu Italien und das Heimweh. Giordano Bruno brach auf und zog südwärts. Er reiste durch die Schweiz, nahm in Zürich einen kurzen Aufenthalt und sah dann, als er die Alpen überquerte, ausgebreitet in der herbstlichen Pracht die sonnigen Ebenen Italiens vor sich, die er immer geliebt hatte und doch verlassen mußte.

Zuerst wandte er seine Schritte nach Padua, da er der Versuchung nicht widerstehen konnte, seine Stimme für die Wissenschaft in dieser für ihre Gelehrsamkeit so berühmten Stadt zu erheben. Seine Kühnheit erfüllte seine Freunde mit Schrekken. „Man sagt", so schrieb Acidalino von Bologna aus an Baron de Ginres nach Padua, „daß der Nolaner Bruno unter uns lehrt und lebt. Ist es so? Was kann dieser Mann in Italien, das ihn zur Flucht gezwungen hat, vollbringen? Ich bin überrascht, erstarrt und kann das Gerücht nicht für wahr halten, so gut es auch verbürgt ist."

Bald brach der Sturm von allen Seiten gegen den unerschrockenen Ketzer los, und Bruno mußte nach Venedig fliehen. Im März des Jahres 1592 finden wir ihn im Palast von Giovanni Mocenigo. Hier gewährte er seinem Schüler Zutritt zu den Schatzkammern seiner Gelehrsamkeit. Oft, wenn sie schweigend in ihrer Gondel den schmalen Kanal entlang fuhren, diskutierten sie frei und ungezwungen über die großen Streitfragen ihrer Tage, über die Lehren des Kopernikus und über die Macht Roms in Fragen der Wissenschaft. Oft, wenn die Sterne von einem wolkenlosen Nachthimmel herniedersahen, betrachtete sie Bruno und verwirrte seinen Begleiter mit seinen Träumen von anderen bewohnten Welten und von der unfaßbaren Mannigfaltigkeit der Lebensformen, die in einem unendlichen Weltall ins Dasein getreten waren.

Bruno sprach offen über seine Gedanken, denn er ahnte nicht im entferntesten, daß seine Ansichten, welche er im freundschaftlichen Lehren jeden Tag aussprach, am Abend Wort für Wort von den Lippen seines Schülers in das Ohr eines finster blickenden Beichtvaters wiederholt wurden. Im

Anschluß traf dieser sich mit seinen Gefährten von der Inquisition, und gemeinsam beratschlagten sie, wie Bruno verraten, verhaftet und zum Tode verurteilt werden könnte.

Das silberne Mondlicht einer warmen Mainacht schien hell über Venedig, und Bruno stand leicht angelehnt an einer der Säulen, welche das Ende der breiten Wendeltreppe des Mocenigo-Palastes bildete. Ihr Fuß wurde umspielt von den blauen Wassern der Adria. Er blickte in die Welt in der Blüte seiner Jahre und erfüllt von der Frische des Lebens. Nur Narren konnten unter diesem klaren Himmel und angesichts der Unendlichkeit der Welten von Höllenfeuer sprechen und ihre Geschwister verfluchen.

Die Mondstrahlen flossen über das Wasser bis zur Seite des Kanals, welcher den Mocenigo-Palast umsäumte. Keiner konnte die Gondel sehen, welche schnell und ruhig dahinglitt, bis sie still in dem Dunkel der Stufen gegenüber anlegte, an welchen Bruno in seiner Versunkenheit der Betrachtung anlehnte.

„Oh ewige Schönheit!" Bruno sprang ein wenig vor und streckte seine Arme gegen den unendlichen Himmelsraum aus. „Oh grenzenlose Welt, wie könnte ich ohne deinen fessellosen Frieden leben? Wie könnte ich ohne deine Strahlen sein." Und aus diesem Glücksgefühl heraus sang seine melodische Stimme ein kleines Abendlied. Doch als er zu singen begonnen hatte, vernahm er plötzlich einen knarrenden Ton. Die Gondel war aus ihrem Schatten hervorgekommen, legte an den Stufen an und maskierte Männer sprangen heraus, einen finsteren Schatten auf das silberne Mondlicht werfend. Ein schwarzer Mantel wird über den nächtlichen Sänger geworfen und erstickt den Wohlklang seiner Stimme. Nur ein

Seufzer entringt sich seiner Kehle, der fast wie ein Todesröcheln klingt.

Zum letzten Mal hatten Brunos Augen den Frieden über den tanzenden Wellen gesehen. Niemals wieder werden sich seine Arme ohne Fesseln gegen das endlose Weltall ausstrekken. Giordano Bruno ist in die Klauen der Inquisition gefallen. Niemals wieder sollten die Augen dieses edlen Kämpfers für die Freiheit sich in Frieden erheben dürfen, um aufzublikken zu jener Pracht, die sein ganzes Wesen erfüllte und für deren Majestät er in seinem Leben und Lehren Zeugnis abgelegt hatte.

Es ist dunkel und dumpf in dem niedrigen Zimmer, in dem Bruno sich befindet, umgeben von seinen Feinden. Er ist nackt und liegt auf einem Gestell. Seine Knöchel und seine Handgelenke sind fest angebunden, der Kopf nach hinten gedrückt. Unerschrockenheit zeigen seine Stirn und seine Lippen und furchtlos blicken die tapferen klaren Augen. Er richtet seinen Blick auf eine Gestalt, welche im Schatten kauert. Es ist der Judas, Giovanni Mocenigo, der ihn der Inquisition ans Messer geliefert hat.

„Tritt vor, Giovanni", krächzt eine Stimme durch die Dunkelheit. „Offenbare die Gotteslästerung, welche du gebeichtet hast!"

Der Judas wird in den Gesichtskreis von Brunos durchdringenden Blick geschleppt und wendet sich schaudernd vor seinem leuchtenden Auge ab. Seine Lippen murmeln, aber sprechen können sie nicht.

„Nein, laßt den Burschen gehen", ertönt eine volle, wohltönende Stimme, das rauhe Echo der Zelle beschämend. „Laßt den Burschen gehen. Der arme Knabe weiß nicht, was er getan hat. Ich lege die Beichte für ihn ab. Ich habe ein Ende von dem Schleier gehoben, der die mächtige Mutter vor ihren Kindern verbirgt. Was nützt es, wenn ihr ein Kind quält, da ihr doch versammelt seid, um einen Mann zu ermorden."

„Gotteslästerer, Ketzer! Die Folter wird dich glauben lehren!" schäumt der maskierte Untersuchungsrichter an seiner Seite auf, und auf ein Zeichen drehen sich die Räder und die Riemen knarren. In der furchtbaren Spannung strömt der Todesschweiß über den nackten Körper, und Brauen und Lippen zucken in unerträglicher Pein.

„Nun, Ketzer, widerrufe! Nun bitte um Gnade, Gott, den du gelästert, und die Kirche, die du verlassen. Abtrünniger Mönch, bekenne deinen Herrn. Widerrufe deine Ketzerei, dann findest du Gnade!"

„Wahrheit, die ich verehre, erhalte mich wahr", flüstern die weisen, vor Schmerzen zuckenden Lippen, und das geistvolle Haupt fällt zurück. Die mitleidige Natur zieht den Schleier der Ohnmacht über den erhabenen Todeskampf.

Die Folterknechte lösten den gestreckten Körper von der Folterbank und warfen ihn gefühllos in einen unterirdischen Keller, gegen dessen Mauern die Wellen schlugen. Sechs Jahre verbrachte Bruno, als Preis für die Verteidigung der Wahrheit, in den Gefängnissen der Inquisition. Kein Sonnenstrahl berührte ihn, keines Freundes Stimme erreichte sein Ohr, kein Lächeln begegnete seinen schmerzenden Augen. Kein Buch erfreute seine Einsamkeit, keine Feder war seiner starren, müden Hand bewilligt. Er war lebendig begraben. Dies war der Lohn einer sich christlich nennenden Kirche für einen Mann, der es gewagt hatte, eigenständig und kühn zu denken.

Acht Jahre waren schließlich vergangen, von denen die beiden letzten mit Verhören und Diskussionen etwas von der alten Streitlust in Giordano Bruno geweckt hatten. Aber wie hatte er sich verändert! Das glänzende Haar war in der Dunkelheit der venezianischen und römischen Kerker gebleicht. Die hellen Augen schlossen sich geblendet, wenn das Sonnenlicht sie berührte. Die einst starken Glieder waren gebeugt und schwach, wie jene eines alten Mannes. Seine christlichen Peiniger hatten mit Hunger und Folter die Lebenskraft aus seinem gequälten Körper gezogen.

Doch die Jahre seines Martyriums neigen sich ihrem Ende zu. Ein letztes Mal steht Bruno vor seinen Richtern. Er wird verdammt als hartnäckiger, unversöhnlicher und uneinsichtiger Ketzer und Gottesleugner. Zur Bestrafung wird er, wie es seitens der auf ihre sauberen Hände achtenden kirchlichen Obrigkeit stets geschieht, der weltlichen Gerichtsbarkeit übergeben. Das Todesurteil lautet auf „Bestrafung ohne Blutvergießen", was nichts anders meint als die höhnische Umschreibung des schrecklichen Todeskampfes am Pfahl durch Verbrennung.

Ein letztes Mal springt Bruno, den sie gezwungen haben, sein Urteil kniend zu empfangen, auf. Noch einmal ertönt jene Stimme, deren Klang im Kerker rauh geworden ist: „Ihr, meine Herren Richter, fürchtet Euch mehr, indem Ihr das Urteil fällt, als ich, indem ich es empfange. Die Nachwelt wird Euch richten. Ich sterbe freiwillig, ein Märtyrer für die Wahrheit."

Bruno erhielt acht Tage Gnadenfrist, um seine 'Irrlehren', an denen er festhielt, zu widerrufen. Doch ein Mann wie Giordano Bruno irrte nicht durch ganz Europa und durchlitt acht Jahre Folter und Kerkerhaft, um sich am Ende feige von seiner Göttin der Wahrheit abzuwenden.

Der 17. Februar 1600 dämmert herauf. Es ist Brunos Todestag. Durch eine heulende, besinnungslose Menge, welche zum größten Teil aus Pilgern besteht, wird er zum „Campo di Fiori", dem Blumenfeld, gebracht. Sie haben ihn in eine schwefelfarbige, scheußlich mit Teufeln, Flammen und Kreuzen bemalte Ketzertracht gesteckt, doch selbst diese Kleidung kann die Würde nicht vernichten, mit welcher er ruhig, mit klaren Augen, heiterer Stirne und festem, sicherem Schritt seinen letzten Gang geht.

Ein Priester drängt sich mit einem Kreuz zu ihm vor, aber Bruno wendet seinen Kopf ab, weigert sich, es zu berühren. Sie binden ihn an den Pfahl, aber kein Wort dringt von seinen Lippen. Die Flammen lodern um ihn auf, aber kein Angstschrei entringt sich seiner Brust. Seine Züge bleiben heiter bis zum Ende, so als fühlte er den Todeskampf nicht. Noch der letzte Blick, den die johlende Menge aus seinem Gesicht erhaschen kann, zeigt die gleiche edle Ruhe. Dann umgeben ihn Rauch und Feuer - und Giordano Bruno hat seinen Körper verlassen.

Giordano Bruno hat die Erde verlassen, doch er wird weiterleben, solange die Menschen die Tapferkeit preisen und die Wahrheitsliebe. Sie werden das Andenken an ein edles Herz in Erinnerung behalten.

Er starb, aber von seinem Todespfahl aus erklang die Botschaft, die er hinterließ und die seine Grabschrift werden sollte.

Sterben zu wissen in einem Jahrhundert,
Heißt zu leben für alle kommenden Generationen.

GIORDANO

Wo warst Du,
Geflügelter Löwe,
Als Dein leuchtendster Sohn
Im Schutz der Nacht
Finsteren Fängern verfiel?

Wie herrschst Du,
Doge von Venedig,
Wenn die Sonne der Wahrheit,
Geblendet vom Schatten der Schergen,
Weinend im Lido versinkt?

Unendliche Welten -
Weltenseele
Gespiegelt im Altarleuchter des Herzens
Verliert nie ihren Glanz
Schimmert noch
In der Asche des Pfahls.

TEIL 2

Peter Michel

DIE PHILOSOPHIE GIORDANO BRUNOS

I.

DIE UNBEGRENZTHEIT
DER WELT

Giordano Bruno zählt zweifelsfrei zu den originellsten und eigenständigsten Denkern der Philosophiegeschichte, womit allerdings nicht gemeint sein kann, daß er nicht in der Tradition der großen griechischen Denker steht. Bruno wird in der Beurteilung häufig als einer der entschiedensten Gegner des Aristoteles bezeichnet, was sicher zutreffend, gleichzeitig aber zu kurz gegriffen ist. Er stand vor allem in der Tradition des Pythagoras, Platons, Plotins und des Neuplatonismus. Er wollte vor allem *für* eine Weltanschauung stehen und nicht vorrangig gegen irgend jemanden.

Neben der platonischen und neuplatonischen Philosophie gilt es aber das Augenmerk vor allem auf einen weiteren Namen zu richten - auf Kopernikus. Bruno erkannte unmittelbar die Wirkungen, welche die neuen Erkenntnisse des großen Astronomen auf die Geisteswissenschaften haben sollten. Sie würden eine Revolution auslösen! Später wurde dies bildhaft dargestellt durch den Mann, der den Kopf aus dem alten Sphärenmodell der Welt heraussteckte und die Unbegrenztheit der Welten erschaute.

Für Giordano Bruno stand unverrückbar fest, daß die Erde nicht der Mittelpunkt des Universums war, da ein Zentrum grundsätzlich nicht mehr denkbar war - das Zentrum war überall. In seinem Grundlagenwerk „Von der Ursache, dem Prinzip und dem Einen" führt er dazu aus: „So können wir mit Sicherheit behaupten, daß das Universum ganz Zentrum oder das Zentrum des Universums überall ist, und daß der Umfang nicht in irgendeinem Teil, sofern derselbe vom Mittelpunkt verschieden ist, oder auch, daß er überall ist; aber ein Mittelpunkt als etwas von jenem Verschiedenes ist nicht vorhanden." So war auch die Erde plötzlich nicht mehr der Mittelpunkt des Seins, sondern ein „Stern unter vielen". Viele seiner Zeitgenossen müssen diese Aussage geradezu als schockierend empfunden haben. Es war, als zöge ihnen jemand den vertrauten Boden unter den Füßen weg. Vor allem die Kirchen benötigten Jahrhunderte, um wenigstens zu begreifen, daß sie sich dieser Einsicht nicht mehr entziehen konnten. Doch es sollte bis 1965 dauern, ehe der „Index", die Liste der „verbotenen Bücher", von Rom endlich gestrichen wurde. Die theologischen Konsequenzen aus den kosmologischen Umwälzungen, die Bruno in seiner Philosophie einforderte, hat die Kirche bis heute noch nicht gezogen. Auch vierhundert Jahre nach der Ermordung Giordano Brunos durch die Inquisition lehrt die Katholische Kirche noch immer eine geo- und anthropozentrische Theologie. Wie weit war ein kosmischer Visionär vom Range Brunos doch seiner Zeit voraus, liest man seine Darlegungen im „Aschermittwochsmahl": „So erkennen wir denn so viele Sterne, so viele Gestirne, so viele Gottheiten, jene hunderttausende, die alle dem ersten, allumfassenden, unendlichen und ewigen Wirker schauend und dienend zur Seite stehen. Unsere Vernunft ist nicht mehr in den Fesseln der erdichteten acht, neun oder zehn Himmelssphären und ihrer Beweger gefangen. Wir erkennen, daß es nur einen Himmel gibt, eine unermeßliche Ätherregion, in der jene erhabenen Lichter die ihnen angemessenen Abstände wahren, durch die sie am besten am ewigen Leben teilhaben. Diese flammenden Körper sind die Boten, die von dem herrlichen Ruhm und der Majestät Gottes künden. So sind wir dazu befähigt, die unendliche Wirkung der unendlichen Ursache zu entdecken, die wahre und lebendige Spur der unendlichen Kraft. Wir brauchen die Gottheit nicht in der Ferne zu suchen, denn sie ist uns nahe und sogar tiefer in uns als wir selbst!"

Bruno bot seinen Anklägern unglücklicherweise ein billiges Argument, indem er in seinen Werken, erfüllt von seiner Begeisterung für die ungeheuren Ausmaße des Kosmos, zwischen Unbegrenztheit und Unendlichkeit nicht immer genau unterschied. Er ging in Wahrheit von einer „unbegrenzten Schöpfung" aus, die aber stets eine endliche blieb. Sie blieb immer getrennt durch eine qualitative Verschiedenheit von der Unendlichkeit Gottes. Diese Trennung darf nie übersehen werden, wenn Bruno gegenüber der Vorwurf des Pantheismus erhoben wird.

An anderer Stelle macht Bruno seine Position noch deutlicher, wenn er einerseits vom unendlichen Sein spricht, andererseits von der unendlichen Wahrnehmungsmöglichkeit des Einzelnen, die nur „potentiell" alles umfaßt. „Ferner umfaßt das Universum alles Sein gänzlich; denn außerhalb und über dem unendlichen Sein ist überhaupt nichts, da es kein Außen und kein Jenseits für dasselbe gibt; von den Dingen im Universum aber umfaßt jedes alles Sein, aber nicht gänzlich, weil jenseits eines jeden unendlich viel anderes ist. So seht ihr ein, daß alles in allem ist, aber in Jeglichem nicht gänzlich und auf jegliche Weise. So seht ihr ein, wie jedes Ding eines ist, aber nicht auf einheitliche Weise."

Es ist verblüffend, wenn man die Worte Giordano Brunos etwa mit Aussagen des XIV. Dalai Lamas vergleicht, der auch über die große Einheit sagt: „Wenn die Buddhaschaft erlangt ist, besteht das individuelle geistige Kontinuum weiter, weshalb wir von der individuellen Identität eines Buddha sprechen können." Allerdings würde der Buddhist jenseits der Unendlichkeit des Buddha nicht noch eine transzendente, absolute Wirklichkeit anerkennen, wie dies Giordano Bruno tat.

Bruno forderte in seiner Philosophie den „göttlichen Menschen" oder den „sich-vergöttlichen-könnenden-Menschen" (Deificatio), eine Idee, die bei den großen Griechen „Henosis", genannt wurde, die Vereinigung mit dem Göttlichen. Dabei kam jedoch keiner von ihnen, weder Platon noch Plotin oder Proklos, auf die Idee, das „Göttliche" im Menschen würde zum absoluten GÖTTLICHEN. Und auch in dieser Hinsicht folgte Bruno seinen großen Vorgängern, weshalb er, wie zu zeigen sein wird, völlig zu Unrecht des Pantheismus verdächtigt wurde.

II.

PANTHEISMUS

Giordano Bruno unterscheidet klar zwischen der Unendlichkeit Gottes und der Unendlichkeit der Welt, wobei für letztere besser das Wort Unbegrenztheit zu verwenden wäre. In letzter Konsequenz nämlich ist das Universum von einem höchsten göttlichen Prinzip bestimmt. Bruno betont zwar immer wieder, daß dieses göttliche Prinzip oder dieser göttliche Baumeister der Welten nicht von außen seine Schöpfung leitet, sondern von innen (immanent) ihre Ausgestaltung bestimmt, doch liegt ihm die Idee fern, die Welt gewissermaßen, pantheistisch verstanden, als „Verdopplung" Gottes zu verstehen. Daher gebraucht Bruno gelegentlich auch die Formulierung von der „intensiven" Unendlichkeit Gottes im Gegensatz zur „extensiven" Unendlichkeit der Welt. Auch wenn Gott in allem Seienden verborgen anwesend ist, so bleibt er doch zugleich über allem Geschaffenen. Ein Gedanke, der in ähnlicher Form, noch vor den großen Griechen, auch von Sri Krishna in der Bhagavad Gita ausgesprochen wird.

Die Welt ist gewissermaßen die Explikation oder Veräußerung Gottes. In diesem Modell von „complicatio" und „explicatio" drückt Bruno seine Idee aus, daß Gott zwar Verursacher der Welt ist, aber auch jenseits von ihr. „Denn er ist das ganze All als Zusammenfassender (complicatamente) und als Ganzheit. Das Weltall dagegen ist alles im Sinne der Entwicklung (explicatamente). Die Welt ist unendlich, und Gott ist der sie Umfassende im Sinne einer vollkommenen Ganzheit und des völligen Seins in allem, was für sich als Ganzes genommen zwar auch unendlich ist, aber doch nicht schlechthin und in jeder Hinsicht absolut unendlich ist, wie denn letzteres auch der räumlichen Unendlichkeit widerstreitet." Die Welt ist also in einer unendlichen Entfaltung die Verkörperung des göttlichen Seins, aber ‚nur' in seiner offenbarten Form. Die unoffenbarte, wahrhaftige Wirklichkeit Gottes bleibt verborgen. Doch auch die offenbarte Form des Göttlichen kann nur gewissermaßen im Nacheinander die absolute Unendlichkeit ausdrücken. Ein alter theosophischer Weisheitsspruch drückt dieses Geheimnis, bezogen auf die Vergöttlichung oder Erleuchtung des Menschen, in dem Satz aus: „Ins Licht gehst du ein, die Flamme wirst du nie berühren."

Die Philosophie verdeutlicht diese Idee von zwei 'Arten' der Unendlichkeit gelegentlich mit den Worten „absolute Unendlichkeit" und „schlechte Unendlichkeit", wobei das eine sich begreiflicherweise auf die Unendlichkeit Gottes bezieht, das zweite auf die Unendlichkeit der Welt, die nur im Nachahmen die Ewigkeit Gottes in der Zeit zum Ausdruck bringt.

In dem bereits zitierten Werk Brunos „Von der Ursache, dem Prinzip und dem Einen" kommt diese Idee noch einmal in klarer Weise zum Ausdruck: „Solchergestalt ist das eine höchste Wesen, in welchem Wirklichkeit und Vermögen ungeschieden sind, welches auf absolute Weise alles sein kann und alles das ist, was es sein kann, in unentfalteter Weise ein

Einiges, Unermeßliches, Unendliches, was alles Sein umfaßt; in entfalteter Weise dagegen ist es in den sinnlich wahrnehmbaren Körpern und in der Trennung von Vermögen und Wirklichkeit, wie wir sie in ihnen wahrnehmen." Bruno folgt in diesen Gedankengängen nicht nur antiken Vorbildern, sondern vor allem der Philosophie des Cusanus, die einige seiner Gedanken vorwegnimmt, wenngleich nicht in ihrer Radikalität, und vor allem, da mit Geschick vorgetragen, unter dem Dach der Kirche bleibend. Dieser Weg blieb einem Freigeist wie Bruno verschlossen. Er wollte ein altes, überholtes Weltbild durch den Sturm des Zeitgeistes hinweggeblasen sehen, und für dieses alte Weltbild stand, und dies mit Recht, vor allem die Kirche. Bruno lag es nicht, zu taktieren und bestimmte kirchliche Dogmen in ein neues Denken umzubiegen, bis sie zwar nicht genau paßten, aber nicht als „ketzerisch" zu entlarven waren.

Complicatio und *explicatio*, Einfaltung und Ausfaltung, sollten nach Cusanus und Bruno Begriffe bleiben, die viele Denker, die einen ganzheitlichen Ansatz pflegten, immer wieder faszinierten. Im 20. Jahrhundert tauchen sie, ein wenig unerwartet, bei dem Einstein-Schüler David Bohm wieder auf, der seinen philosophisch-physikalischen Denkansatz „Die Implizite Ordnung" nennt. Nach seiner Überzeugung stimmten sowohl die Relativitätstheorie als auch die Quantentheorie darin überein, daß die Welt ein „ungeteiltes Ganzes" sei, das sich in „fließender Bewegung" befinde. Alles in diesem Ganzen entfaltete (explizierte) drückt eine eingefaltete (implizierte) Ordnung aus und bildet in seinem Wesen eine Ganzheit. Wörtlich schreibt Bohm: „Es gibt einen universellen Fluß, der sich nicht explizit fassen, sondern nur implizit erkennen läßt." Im Grunde ist dies der Aufruf zum Pfad des Mystikers, der aus der inneren (impliziten!) Wahrnehmung heraus die Einheit allen Seins und ihren bestimmenden Urgrund erkennt.

Bohm setzt das Modell von der impliziten Ordnung auch auf den Mikrokosmos um, indem er es zur Beschreibung der Eigenschaften des Elektrons heranzieht: „Solches Einfalten und Entfalten in der impliziten Ordnung kann augenscheinlich ein neues Modell beispielsweise für ein Elektron liefern, ein Modell, das sich vollständig von dem des heutigen mechanistischen Begriff eines Teilchens unterscheidet, das in jedem Augenblick nur in einem winzigen Raumabschnitt vorhanden ist und das seinen Ort kontinuierlich im Laufe der Zeit wechselt. Es ist für dieses neue Modell wesentlich, daß das Elektron stattdessen durch eine Gesamtmenge eingefalteter Gesamtheiten zu verstehen ist, deren Lage im Raum in der Regel unbestimmt ist. Jede von ihnen kann in jedem Augenblick entfaltet und daher örtlich bestimmt werden, aber schon im nächsten Augenblick faltet sie sich ein, um von der nächstfolgenden abgelöst zu werden. ... Das, was ist, ist stets eine Totalität von Gesamtheiten, die alle in einer geordneten Stufenfolge von Einfaltung und Entfaltung zusammen vorhanden sind und die sich im Prinzip im ganzen Raum vermischen und sich gegenseitig durchdringen." Bohm war ein großer Kenner der philosophischen Denkansätze und steht mit seiner Weltanschauung ganz auf den Schultern von Cusanus und Giordano Bruno. Auch er versucht, wie der radikale Monist aus Nola, ein einheitliches Sein als Grundlage aller Ereignisse zu postulieren. Alles Leben ist eines, und hinter und in allem waltet eine verborgene Intelligenz, eine Weltseele.

III.

DIE WELTSEELE

Die Idee der Weltseele übernimmt Bruno ebenfalls von den Pythagoräern, den Platonikern und den Neuplatonikern. Auch für jene war die Weltseele jene Instanz, die in der Mitte zwischen dem absoluten Geist stand, der alles „ist", und dem Geist in den Einzelwesen, der alles „wird". Bei seiner Idee einer Weltseele legt Bruno wieder den Gedanken einer absoluten Einheit alles Seienden zu Grunde. Die Weltseele ist sowohl in der Gesamtheit der Welt anwesend als auch in allen ihren Bestandteilen - und zwar jeweils ungeteilt! Sie ist gewissermaßen ein göttliches Licht, das alles Leben erleuchtet, an allen „Orten" des Ganzen ist und dabei überall ungeteilt anwesend ist. Eine Bild, das unter dem Begriff des „lumen supranaturale", des übernatürliches Lichtes, in verschiedenen Spielarten immer wieder bei den großen Mystikern aller Zeitalter auftaucht. Dieses Licht ist es offensichtlich, was die großen Erleuchteten in ihren Ekstasen wahrnahmen und was sie zur Erkenntnis der Einheit allen Lebens führte. Von diesem Licht aber wußten zugleich die wahrhaft Großen im Geiste, daß es 'nur' die Strahlen der Sonne waren, nicht die Sonne selbst.

Bruno wählte, um seine Anschauung zu verdeutlichen, auch das Beispiel einer Stimme, die überall in einem Raum zu vernehmen ist, um seine Vorstellungen über die Weltseele anschaulich zu machen. „Wisset also in Kürze, daß die Weltseele und die Gottheit überall und in jedem Teil allgegenwärtig sind nicht in der Weise, wie irgend ein stoffliches Ding daselbst sein kann; denn das ist jedem Körper und jedem Geist unmöglich, welcher es auch sei; sondern auf eine Weise, welche euch nicht leicht anders klar zu machen ist als folgendermaßen. Wenn es heißt, die Weltseele und die universale Form sind überall, so ist das nicht körperlich zu verstehen; denn so sind und können sie auch nicht in einem Teil sein; sondern sie sind geistig überall ganz. In einem allerdings rohen Gleichnis werdet ihr euch eine Stimme vorstellen können, welche ganz in einem ganzen Zimmer und in jedem Teil desselben ist, denn man versteht sie ganz und überall. So werden diese Worte, wenn ich spreche, ganz von allen verstanden, auch wenn tausend anwesend wären, und meine Stimme, wenn sie über die ganze Welt reichen könnte, würde überall ganz sein."

Die Weltseele oder der Weltgeist sind also nicht, was für eine 'schlechte' Welt sprechen würde, nur in einer höheren Wirklichkeit vorhanden, sondern sie sind, wenngleich offensichtlich verborgen, auch „in" der Welt anwesend. Diese Überzeugung verdeutlicht anschaulich, warum Bruno ein großer Liebender der Welt genannt wurde. Die Welt war ihm nicht der Ort der Gottferne, sondern sie war, wie alle 'Orte' in der Unendlichkeit des Seins, ein Ort der möglichen Begegnung mit dem Absoluten. Hier wird der Philosoph zum Mystiker, der allerdings dann, und Bruno mußte dies dramatisch leidvoll erleben, immer wieder mit der anderen Seite der Wirklichkeit konfrontiert wird, nämlich jener der 'verborgenen Abwesenheit' des Göttlichen. Auf welche Weise war die Weltseele in den Personen der Inquisition gegenwärtig, die Bruno folterten und einkerkerten? Auch Bruno mußte sich mit dem Geheimnis der realen Gegenwart des Nicht-Göttlichen oder, vielleicht philosophischer formuliert, der nahezu vollkommen verborgenen Anwesenheit der Weltseele konfrontieren lassen.

Häufig wurde Bruno, bis in die Gegenwart, vorgeworfen, er würde den Gedanken einer Schöpfung leugnen. Dies trifft nur bedingt zu. Zwar tritt bei Brunos Weltenentwurf der Gedanke einer „creatio ex nihilo", der christlichen „Schöpfung aus dem Nichts", in den Hintergrund, das hindert ihn aber nicht daran, den schöpferischen Gottesgeist als ewig kreativ zu bezeichnen. Schöpfung ist unaufhörlich! Sie ist nicht anfänglich, und sie hat auch kein Ende. Auch dies natürlich ein harscher Kritikpunkt der Inquisition, denn wo bleibt in diesem Modell das Weltende und vor allem „Das Jüngste Gericht"? Aber Gott ist in Brunos Anschauung nicht so sehr der Baumeister der Welten, sondern eher ihr Ideengeber. Sein Geist entfaltet unaufhörlich schöpferische Kräfte, die sich dann in Raum und Zeit offenbaren, Ausdruck des verborgenen Absoluten. Leben kann für Bruno niemals Stillstand sein, sondern unaufhörliche Entfaltung und Selbstoffenbarung eines absoluten, unendlich schöpferischen Geistes.

IV.

GIORDANO BRUNO
UND GOETHE

Giordano Bruno übte durch seine Philosophie, insbesondere jedoch durch seinen dramatischen Tod, eine große Faszination auf die folgenden Jahrhunderte aus. Besonders die Deutsche Romantik, aber auch die klassischen Dichter befaßten sich mit ihm und nahmen Impulse seines Denkens, speziell seiner Naturverehrung, auf. Darunter kommt vor allem Goethe eine herausragende Rolle zu, der bereits 1770, in seiner Straßburger Zeit, Giordano Bruno gegen die Angriffe von Pierre Bayles verteidigte. Es ist nicht sicher dokumentiert, ob sich Goethe zu dieser Zeit schon gründlich mit den Lehren Brunos auseinandergesetzt hat, aber sein Engagement für ihn legt dies zumindest nahe.

Spätestens für die Jahre nach 1812 ist die intensive Beschäftigung Goethes mit Giordano Bruno sicher belegt, die offensichtlich bis in die Zeit unmittelbar vor seinem Tode angehalten hat. Goethe fand vor allem in seiner Naturverehrung und in seinem geistvollen Naturverständnis in Bruno einen kongenialen Geist. Auch für Goethe war die Natur eine schaffende Kraft, ein Künstlerin, die ständig neue Lebensformen auf der unendlichen Leinwand des Lebensfilms hervorzaubert. In der Natur ist der Geist anwesend, in dem sich alles Leben bewegt, der Mensch eingeschlossen. Goethe näherte sich dem, was Bruno philosophisch zu bestimmen trachtete, eher mit dichterischer Intuition an, so etwa im Gedicht „Epirrhema":

Müsset im Naturbetrachten
Immer eins wie alles achten;
Nichts ist drinnen, nichts ist draußen:
Denn was innen, das ist außen.
So ergreifet ohne Säumnis
Heilig öffentlich Geheimnis.

Goethe, wie vor ihm vielleicht nur Cusanus, versucht in seiner Dichtung die verborgene Einheit hinter den scheinbaren Gegensätzen zu erkennen. Was auf einer äußeren Ebene als unvereinbar erscheint, kann in einer höheren Dimension zusammengefügt werden. Dieses „heilige öffentliche Geheimnis" entschließt sich allerdings nur dem, der tiefer schaut und sich nicht vom oberflächlichen Eindruck der Dinge bestimmen läßt.

Ein Gedanke, der Goethe in unterschiedlicher Gewandung immer stark beeindruckt hat, war die Idee der Weltseele. Sie begegnete ihm bei Bruno, sie begegnete ihm zuvor schon bei Platon und vor allem im Neuplatonismus Plotins. Die Vorstellung einer Weltseele, die von innen die Schöpfung bewegte und zusammenhielt, entsprach wie kaum eine andere philosophische Konzeption dem Denken und Empfinden Goethes. Er hat ihr in einem seiner großen Gedichte in wundervoll poetischer Weise Ausdruck verliehen:

Prooemion

Was wär' ein Gott, der nur von außen stieße,
Im Kreis das All am Finger laufen ließe!
Ihm ziemt's die Welt im Innern zu bewegen,
Natur in sich, sich in Natur zu hegen,
So daß, was in ihm lebt und webt und ist,
Nie Seine Kraft, nie Seinen Geist vermißt.
Im Innern ist ein Universum auch;
Daher der Völker löblicher Gebrauch
Daß jeglicher das Beste, was er kennt,
Er Gott, ja seinen Gott benennt,
Ihm Himmel und Erden übergibt,
Ihn fürchtet, und wo möglich liebt.

Hier steht Goethe ganz in der Tradition Brunos und damit in der Nachfolge jener großen Griechen, mit Pythagoras
beginnend, die aus ihrer inneren Anschauung heraus die Einheit der Welt und die sie tragende geistige Kraft erkannten,
die nicht hinter fernen Sternen verborgen waltet, sondern stets
gegenwärtig und im „ewigen Jetzt" erfahrbar ist.

V.

GIORDANO BRUNO
- EIN THEOSOPH?

Giordano Bruno stand für die Freiheit des Geistes, für Toleranz, für das Studium der Natur und der unbekannten Gesetze, die das Leben des Menschen und der Natur bestimmten. Für ihn gab es keine Trennung von Rasse, Religion oder Klasse. Bruno liebte die Natur und er liebte die Menschen. Er war sein Leben lang bemüht, Erkenntnis zu schenken, zu lehren und Menschen zu führen. Wohin er auch kam, lag ihm die Jugend der Welt zu Füßen, da sie spürte, in ihm einen aufrichtigen Sucher nach Wahrheit gefunden zu haben, der nicht scheinheilig Dogmen nachbetete, deren Unhaltbarkeit ihm schon früh klar geworden war. Bruno war unbeugsam, wenn es um die Wahrheit ging, ohne deswegen fanatisch zu sein. Er konnte aber niemals hinter das zurück, was er als klar und richtig erkannt hatte. Diese Standfestigkeit, Aufrichtigkeit und Lauterkeit zeichnen einen Menschen aus, den man, sowohl aus dem gegenwärtigen als auch aus dem historischen Verständnis, als einen „Theosophen" bezeichnen könnte. Ein Mensch, für den Philosophie gelebt werden muß und damit ganz natürlich auch eine religiöse Bedeutung gewinnt. Diese Verbindung von Philosophie und Religion, in absoluter Toleranz und Liebe gelebt, zeichnet einen wahren Theosophen aus. Giordano Bruno war ein solcher Theosoph!

Man hat Bruno zu seiner Zeit und auch später als „Magier" oder als „magischen Menschen" bezeichnet. Dazu mag sein Interesse an der Astrologie und der Alchemie beigetragen haben, mehr aber noch der Aberglaube seiner Zeit, der vieles, was er nicht verstehen konnte, als Magie abzuwerten trachtete. Wenn Bruno ein Magier war, dann nur in dem Sinne, daß er eine „Magia Naturalis" anerkannte, die für die Erkenntnis stand, daß alles mit allem verbunden ist und alles auf jedes einzuwirken vermag. Nichts lebt in der Unendlichkeit des Daseins isoliert, alles steht miteinander in Verbindung. Auch hier lehrte Bruno etwas, was vierhundert Jahre später in den Worten des XIV. Dalai Lama die westlichen Gesellschaften berührte und beeindruckte.

Giordano Bruno konnte am 17. Februar des Jahres 1600, im Angesicht einer heraufbrechenden neuen, aufgeklärteren Zeit, ohne Furcht seinen Körper den Flammen übergeben, da er, auch hier in der Nachfolge des großen Pythagoras und ein Vorbild für Goethe, an die Reinkarnation glaubte und überzeugt war, daß er sein Werk nicht umsonst geschrieben, sein Leben nicht vergebens gelebt hatte und sein Geist nicht der Vergänglichkeit anheimfallen konnte. Er würde wiederkommen und an anderen Orten und in anderen Jahrhunderten den Idealen der Theosophie dienen.

Christ-Sein
in Liebe
und Freiheit

Anders als manche atheistische Kirchen-
kritiker, stellt Peter Michel den Dogmen der
Katholischen Kirche eine spirituelle Alterna-
tive entgegen, gegründet auf den Zeugnissen
der großen Weisen und Wissenden aller Zeiten.

Der Anti-Weltkatechismus ist kein verneinen-
des Werk, sondern der Versuch, dogmatische
Konfessionalität mit einer freien, dialog-
fähigen Spiritualität zu konfrontieren.

Peter Michel • Der Anti-Weltkatechismus
Paperback, 160 Seiten, ISBN 3-89427-056-X
Aquamarin Verlag

DER ANTI-WELTKATECHISMUS